글쓴이_ 김경화

성균관대학교에서 아동학과를 졸업하고 한국예술종합학교 영상원에서 영화 연출을 공부했어요. 『레디, 액션! 우리 같이 영화 찍자』로 제11회 〈창비좋은어린이책〉 기획 부문 대상을 수상했어요. 『우리 한옥』 『달력은 어떻게 만들어졌을까?』 『문이 들려주는 한국사 이야기』 등 많은 어린이 책을 썼어요. 아들 영우와 그림책 읽기를 좋아하고, 여행처럼 설레고 재미있는 어린이 책을 쓰기 위해 열심히 노력하고 있답니다.

그린이_ 구세진

이화여자대학교와 동대학원에서 동양화를 전공했어요. 개인전과 다수의 전시에 참여하며 작품 활동을 하고 있습니다. 이 책의 그림을 그리기 위해 조선의 궁중 문화를 공부하면서 우리가 가진 아름다운 문화유산에 더욱 깊은 애정을 갖게 되었어요. 많은 어린이들과 한국화의 아름다움을 함께 나누고 싶어 멋스러운 그림책을 완성하고자 노력했습니다.

표지 디자인 | **정경아** aibi83@nate.com   본문 디자인 | **이소영** bio-fish@hanmail.net

왕자가 태어나던 날
궁궐 사람들은 무얼 했을까

글쓴이 김경화 · 그린이 구세진

살림어린이

파루*의 종이 울리고 궁궐 문이 열렸어요.

무수리들의 수다로 찰랑이던 우물가가 여느 때와 달리 잔잔합니다.

궁녀와 환관들의 몸가짐도 조심스러워요.

좋은 기운이 궁궐에 가득하도록

기쁜 소식이 왕실에 가득하도록

궁궐 사람들 모두 말과 행동을 살피고 또 살핍니다.

*파루 : 조선 시대에 한양에서 통행금지를 해제하기 위하여 종각의 종을 서른세 번 치던 일

둥둥둥!
궁궐 문을 열어라!

전연사*의 일꾼들은 궁궐 구석구석을 깨끗이 청소합니다.

아기 나인들도 처소를 깨끗이 청소하고요.

궁궐을 오가는 신하들은 매무새를 단정히 합니다.

"중전마마께서 곧 아기씨를 낳으실 거다.

나라에 큰 경사가 있을 때일수록 정신을 바짝 차려야 한다."

궁궐을 지키는 병사들의 눈초리가 더욱 매서워졌어요.

*전연사 : 조선 시대에 궁궐의 수리와 청소를 맡아보던 관청

"조금이라도 흠이 있는 것은
절대 궁 안으로 들이지 못한다."
사옹원*의 관리와 환관들이 요리 재료들을 꼼꼼히 살펴요.
좋은 것만 골라 귀한 것만 모아 궁 안으로 들입니다.
"오늘 들여온 생선이 싱싱하고 좋군.
아침 수라상에 올리면 좋겠어."
재료를 손질하고 맛깔스럽게 요리하는
수라간* 요리사들의 손길에는 정성이 가득해요.
입맛 돋우고 기운 돋우는 음식들이 보기 좋게 차려집니다.

*사옹원 : 조선 시대에 궁중의 음식에 관한 일을 맡아보던 관청
*수라간 : 임금에게 올리는 밥을 짓는 궁궐의 부엌

"해처럼 세상을 밝히는 왕자님이 태어나면 얼마나 좋을까?"

도화서* 화원들의 붓 끝에서 해, 산, 물, 구름, 소나무가 모습을 드러냅니다.

학과 거북은 금방이라도 살아 움직일 것 같아요.

"거북이처럼 오래오래 사세요."

화원들은 새로 태어날 아기씨가 십장생*처럼

건강하길 바라는 마음을 담아 그림을 그립니다.

*도화서 : 조선 시대에 그림에 관한 일을 맡아보던 관청
*십장생 : 오래도록 살고 죽지 않는다는 열 가지
　　　　(해, 산, 물, 돌, 구름, 소나무, 불로초, 거북, 학, 사슴)

"하얀 솜을 구름처럼 펼쳐, 색색 비단은 바다처럼 펼쳐,
귀한 분 덮을 고운 이불 만들자."
침방* 나인들과 수방* 나인들은 새로 태어날 아기씨가 덮을
이불을 만듭니다.
솜씨 좋은 나인들의 손끝에서
세상에 하나밖에 없는 이불이 만들어집니다.

*침방 : 조선 시대에 궁중에서 필요한 바느질을 하던 곳
*수방 : 조선 시대에 궁중에서 필요한 수놓는 일을 하던 곳

"비단실을 길게 풀어, 금실 은실은 곱게 이어,
귀한 분 입을 고운 옷 만들자."
침방 나인들은 아기씨가 입을 옷을 짓고
수방 나인들은 예쁜 수를 놓아요.
새 이불과 옷이 복을 불러오길 바라며
한 땀 한 땀 정성을 다합니다.

중전마마는

낮이면 악사들이 연주하는 아름다운 음악을 들어요.

나쁜 소리는 듣지 않고, 나쁜 것은 보지 않습니다.

중전마마는

밤이 되면 궁녀들이 들려주는 좋은 글귀를 듣지요.

몸과 마음을 편안히 하며 아기와 만날 준비를 합니다.

"누굴 유모로 들이면 좋을까?"

"보모상궁으로는 누가 좋을까?"

대비마마는 새로 태어날 아기씨를 돌볼 유모와 보모상궁을 고릅니다.

"건강하고 심성이 착한 여인을 골라 유모로 들이소서."

"어질고 지혜로운 상궁을 골라 보모상궁으로 삼으소서."

대비마마는 아기씨가 건강하고 바르게 자랄 수 있도록

추리고 추려 고르고 골라 유모와 보모상궁을 뽑습니다.

왕실 건강을 지키는 내의원은 밤낮으로 분주합니다.

내의원의 의원들과 의녀들은 중전마마를 위해 약을 지어요.

꼼꼼하게 약재를 고르는 눈길과

알맞게 약을 끓이는 손길에 정성이 가득합니다.

의원들은 중전마마의 상태를 꼼꼼히 살피고,

의녀들은 중전마마의 곁을 밤낮으로 지키며,

아기씨 맞을 준비를 합니다.

*내의원 : 조선 시대에 궁중의 진료와 치료, 약 짓는 일을 맡아보던 관청

중전마마가 아기씨를 낳을 때가 가까워졌습니다.

"동서남북 아래위로 열 걸음씩 빌리겠으니

귀한 아기씨 태어나실 이곳에

부디 좋은 기운 가득하게 하시고

나쁜 기운 사라지게 하소서."

왕과 신하들이 중궁전에 모여 한마음으로 기원합니다.

*중궁전 : 궁궐에서 왕비가 생활하는 곳

중궁전 궁녀들의 손길이 바빠지고
의관과 의녀들이 분주히 오갑니다.
아기씨가 곧 태어나려나 봐요.
무수리들과 수모, 세수간 나인들은
중궁전에 불을 지피고, 물을 길어 끓이느라 정신이 없어요.
대전 내시들은 왕께 전할 반가운 소식을 기다리고 있지요.
궁궐 사람들 모두 아기씨의 건강한 탄생을 기원하며
까만 밤을 하얗게 지새웁니다.

*세수간 : 조선 시대에 왕과 왕비의 세수와 목욕에 관한 일을 맡아보던 곳
*대전 : 궁궐에서 왕이 생활하는 곳

어스름이 물러나고 동쪽 하늘이 밝아 올 무렵,

우렁찬 울음소리가 중궁전에서 들려옵니다.

드디어 왕자님이 태어났어요.

"오늘 왕자가 태어났다!"

왕자의 탄생을 알리는 구리종 소리가 궁궐 가득 울려 퍼졌어요.

궁궐 사람들 모두 왕자의 탄생을 기뻐합니다.

"이 나라를 이어 갈 왕자님께서 태어나셨으니
이런 경사가 어디 있겠소."
"맞습니다, 어서 축하례를 준비하도록 합시다."
빈청*의 정승들, 정청*의 판서들, 대청*의 신하들도
기쁨을 감추지 못합니다.
"누가 왕자님을 가르치면 좋을까요?"
"왕자님이 늘 책을 가까이하며 어진 마음을 가질 수 있도록
우리 모두 도웁시다."
규장각*의 학자들은 벌써부터 왕자의 스승으로 누가 좋을까
이야기를 나누며 웃음 짓습니다.

*빈청, 정청, 대청 : 조선 시대에 벼슬아치들이 궁궐에 머무르며 나랏일을 보던 곳
*규장각 : 조선 시대에 학문을 연구하고 왕실 도서관의 기능을 하던 곳

"팔도 백성들에게 알리노라.
하늘의 은혜로 왕자가 태어났으니,
이는 나라의 크나큰 복이로다.
내 백성들과 함께 이 기쁨을 나누려 한다.
가벼운 죄를 지은 죄인들을 풀어 주고,
백성들의 세금을 줄여 주어라!
또 왕자의 탄생을 축하하는 과거를 치러 우수한 인재를 뽑고
노인들에게 쌀과 고기를 나누어 주어라!"
왕은 백성들에게 선물을 내립니다.

궁궐 문밖에 백성들이 모여들어
신 나는 축하 마당을 벌입니다.
흥겨운 가락에 절로 어깨가 들썩입니다.
백성들의 얼굴에는 환한 웃음이 가득합니다.
"왕자님, 부디 백성을 살피고
나라를 키우는 좋은 왕이 되어 주세요."

백성들은 왕자님이 무럭무럭 자라
어진 왕이 되길 바라는 간절한 마음을 나눕니다.

새로 태어난 왕자와 함께 조선 시대 궁궐 사람들을 만나 보세요!

왕자가 태어나는 동안 궁궐 곳곳의 많은 사람들을 눈여겨보았나요? 이들은 모두 궁궐에서
묵묵히 맡은 일을 하며 왕자가 건강하고 지혜롭게 자라, 나라를 바르게 이끌 수 있도록 도왔답니다.
지금부터 조선 시대 궁궐 사람들이 어떤 곳에서 무슨 일을 했는지 알아보아요.

◉ 왕자를 돌보는 사람들

왕자는 왕을 이어 나라를 다스릴 중요한 사람이었어요. 그래서 어릴 때부터 각별한 보살핌을 받았답니다.

왕자가 태어나면 왕실 여인들 가운데 가장 큰 어른이 유모와 보모상궁을 직접 뽑았어요. 젖을 먹이며 왕자를 키우는 유모는 어질고 건강한 사람을 찾아 뽑았어요. 왕자를 가까이서 돌보는 보모상궁은 궁녀들 가운데 심성이 곱고 지혜로운 사람을 골라 뽑았지요. 보모상궁은 왕자가 자라 왕이 된 다음에도 가까이서 왕을 모셨답니다.

왕자는 일찍 글공부를 시작했어요. 옛사람들의 글을 통해 마음을 닦고 지혜를 배우기 위해서였지요. 왕자가 왕위를 이어 갈 세자에 오르면 세자시강원을 두고 정승들을 비롯한 높은 관리들이 왕자의 교육을 맡았어요. 하지만 이들은 나랏일 때문에 왕자를 가르치는 데 많은 시간을 낼 수 없었어요. 그래서 왕은 직접 젊고 학식 있는 학자들을 뽑아 왕자를 가르치게 했지요. 세자시강원에는 세자를 가르치는 선생만 스무 명 가까이 되었고, 서른 명이 훨씬 넘는 사람들이 왕자가 읽는 책을 관리했어요. 이렇게 많은 사람들이 왕자가 공부에 전념할 수 있도록 정성을 다했답니다.

◉ 궁궐의 살림꾼들

왕과 왕실 가족들을 비롯해 수많은 사람들이 살았던 궁궐에는 필요한 것들도 많고 해야 할 일도 많았어요. 그래서 궁궐 곳곳에서 많은 사람들이 땀 흘려 일했지요.

이 가운데 궁궐의 으뜸 살림꾼은 궁녀와 환관들이었어요. 이들은 어릴 때부터 궁궐에 들어와 왕실 가족들을 가까이 모시며 시중을 들었어요. 궁녀는 궁궐에서 한평생 일하며 일정한 지위와 급료를 받는 여자들이에요. 환관은 궁궐에서 일하는 거세된 남자들로 내시라고도 하지요. 궁녀와 환관은 왕과 왕실 가족들이 먹는 음식과 입는 옷을 만들고, 심부름을 하고, 궁궐 관리에서 청소까지 온갖 일들을 도맡아했어요. 궁궐에서 일하는 일꾼들을 관리하는 일도 이들의 몫이었답니다.

궁궐에서 일하는 일꾼들은 궁궐에서 필요한 그릇, 등잔불과 촛불, 활과 화살, 화약, 열쇠, 책과 벼루, 붓, 사냥 도구, 가마 등을 만들거나 관리했어요. 궁궐을 깨끗이 청소하고 수리하는 일도 했지요. 또 왕실 가족들이 머무는 처소에서 물을 긷고 아궁이에 불을 때거나 온갖 심부름을 도맡아 하는 일꾼들도 있었어요. 궁녀들의 하녀로 일하는 일꾼들도 있었고요. 이렇게 궁궐 곳곳에서 일하는 궁녀들과 환관들 그리고 솜씨 좋고 부지런한 일꾼들이 있었기에 궁궐 사람들 모두 편하게 살 수 있었답니다.

◉ 궁궐의 요리사들

궁궐에서는 음식 재료를 고르고, 음식을 만드는 일에 각별히 주의를 기울였어요. 왕과 왕실 가족들이 음식을 먹고 탈이 나면 큰일이니까요. 그래서 궁궐 안에 사옹원이라는 관청을 두고 궁궐의 모든 음식물을 관리했어요. 사옹원의 관리와 환관들은 매일 엄격한 검사를 거쳐 곡식, 고기, 생선, 채소, 과일 등 음식 재료들을 들여왔어요. 이 재료들을 수라간의 요리사들이 정성껏 요리해 왕실 가족들에게 바쳤지요.

수라간의 요리사들은 밥, 고기, 탕, 생선, 두부, 찜, 튀김, 떡, 술 등 저마다 전문 분야를 맡아 요리했어요. 이들 가운데는 궁 밖에서 출퇴근하는 사람들도 있었고, 대령숙수라 불리는 남자 요리사들도 있었어요. 궁궐에서는 행사와 의례가 많이 열렸기 때문에 많은 요리사들의 솜씨가 필요했지요. 오랜 세월 동안 이들이 만들어 온 빼어난 궁중 음식은 우리나라를 대표하는 음식 문화로 자리했답니다.

◉ 왕실의 건강을 지키는 사람들

궁궐에는 왕을 비롯한 왕실 가족들이 살기 때문에 이들의 건강을 살피는 의원들의 역할이 중요했어요. 그래서 궁궐에 내의원을 마련해 의술이 빼어난 의원들과 의녀들이 머물며 궁궐에서 쓰이는 약을 짓고, 왕실 가족들의 건강을 살폈지요. 특히 왕의 건강을 살피는 것은 내의원의 가장 큰 역할이었어요. 그래서 궁궐의 내의원은 왕이 머무는 곳과 가까이 있었지요.

의원을 돕는 의녀들은 의술을 익힌 여자들로 남자 의원들을 꺼리는 왕실의 여자들은 물론이고 왕도 가까이서 보살폈어요. 의녀들은 궁궐 행사가 있을 때에는 춤을 추거나 음악을 연주하며 흥을 돋우는 역할도 함께했답니다.

◉ 궁궐의 예술가들

궁궐은 수많은 예술가들이 아름다운 문화를 꽃피우는 곳이었어요. 나라의 중요한 의례와 행사를 자주 치렀고, 그때마다 격식을 갖춘 음악과 춤이 빠지지 않았어요. 그리고 중요한 행사나 의례 과정을 그려 '의궤'로 남겼지요. 나라에서는 장악원과 도화서 같은 관청을 궁궐 밖에 두고 음악과 춤, 그림에 관련된 업무를 하고 예술가들을 교육 시켰답니다.

장악원에서는 궁중에서 연주하는 음악과 무용에 관한 일을 맡아보았어요. 왕실의 의례와 행사에서 음악을 연주하고 무용을 담당했지요. 또 악기 연주와 노래, 춤에 능한 뛰어난 음악가들을 길러 냈어요.

도화서에서는 궁중에서 필요한 그림에 관련된 모든 일을 했어요. 도화서에 소속된 화원들은 궁궐 행사와 의례 과정, 지도, 왕의 초상화, 인물화, 풍경화 등 수많은 그림을 그렸어요. 특히 왕의 초상화를 그리는 것은 화원들에게 가장 큰 영광이었지요.

음악과, 춤, 미술 외에도 왕이 나라를 다스리는 동안의 일들을 기록한 '조선왕조실록', 왕의 비서 기관이었던 승정원의 업무를 기록한 '승정원일기'와 같은 기록 문화와 궁녀들과 왕실 여자들이 궁궐에서 일어난 일들이나 생활을 소재로 쓴 문학 작품들도 빼놓을 수 없는 궁궐 문화예요. 또 많은 왕들과 왕실 가족들도 궁궐의 예술가들 못지않게 수준 높은 시와 그림을 남겼지요. 이렇게 궁궐의 수많은 사람들의 손을 거쳐 완성된 빼어난 궁중 문화는 지금까지 우리나라를 대표하는 예술로 전해 오고 있답니다.

◉ 궁궐에서 일하는 관리들

궁궐은 왕과 신하가 만나 나라를 다스리는 곳이었어요. 궁궐 밖 육조거리에 나랏일을 보는 관청들이 모여 있었지만, 관리들이 자주 궁궐에 들어와 왕을 만났지요. 이들은 왕과 함께 나랏일을 의논하거나, 공부를 하고 토론을 벌였고, 긴 회의를 열기도 했어요. 그래서 궁궐 안에 관리들이 머물 수 있는 빈청, 정청, 대청, 승정원 등과 같은 공간을 따로 마련했답니다.

나라의 가장 높은 벼슬을 지내는 영의정, 좌의정, 우의정 세 정승들은 빈청에 모여 의견을 나누었어요. 이들은 궁궐에 들어와 왕에게 나랏일에 관해 충고를 하기도 하고, 여러 가지 제안을 하기도 했지요.

또 문관 관리들을 대표하는 이조판서와 무관 관리들을 대표하는 병조판서는 정청에 머물렀어요. 이들은 궁궐에 들어와 관리들을 새로 정하거나 벼슬을 올려 주는 일 등을 왕에게 보고하고 허락을 받았지요.

관리들이 나쁜 일을 저지르지는 않나 살피는 사헌부와 왕의 잘못을 바로 잡는 역할을 하는 사간원의 관리들은 일이 있을 때마다 대청에 들어와 왕에게 보고했어요.

왕이 머무는 곳 가까이에는 왕의 비서 역할을 하는 승정원이 있었는데, 승정원에는 승지들이 머물면서 육조 (이조, 호조, 예조, 병조, 형조, 공조)의 업무를 왕에게 전달했어요. 왕의 명령을 육조에 전하는 일도 했지요.

이렇게 궁궐에는 많은 관리들이 머물며 왕이 나라를 잘 다스릴 수 있도록 마음을 다해 도왔답니다.

◉ 궁궐을 지키는 사람들

궁궐은 나라를 다스리는 왕이 사는 중요한 곳이에요. 그래서 궁궐에는 수많은 군사들이 두 눈을 부릅뜨고 궁궐을 지켰답니다. 이들은 궁궐에 드나드는 관리들과 일꾼들, 궁궐에서 일하는 사람들, 왕을 만나러 온 외국의 사신들, 궁궐 문 밖 백성들까지 어느 누구 하나 놓치지 않고 살피고 또 살폈지요.

특히 밖과 이어지는 궁궐 문들을 지키는 수문병들과 궁궐의 동서남북을 지키는 수천 명의 병사들은 조금의 빈틈도 없이 궁궐을 지켰답니다. 또 금군과 별운검 같은 왕의 경호원들이 빼어난 무술 실력과 충성심으로 왕의 곁을 지켰고, 세자익위사의 관원들은 왕세자를 그림자처럼 따르며 보호했답니다.

찬란한 조선 왕실의 문화유산에서 책 속의 그림을 찾아요!

■ **궁궐 문이 열리자, 아름다운 조선 시대 궁궐이 한 눈에 펼쳐져요.**

조선 시대 궁궐의 아름다운 모습은 '동궐도'에 고스란히 남아 있어요. '동궐도'는 창덕궁과 창경궁의 모습을 16개의 화첩에 나누어 담은 궁궐 그림이에요. 정확한 제작 시기에는 여러 의견이 있으나 1824년 8월 이후부터 1830년 사이에 제작되었다고 추측하고 있어요. 동궐도를 통해 그 당시 궁궐의 전체 구조와 배치, 규모는 물론 주변의 자연 환경까지 알 수 있답니다.

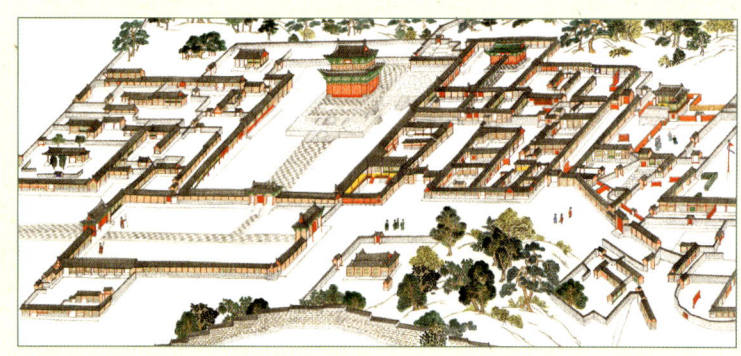

■ **왕은 왕자가 태어난 기쁨을 온 백성과 함께 나누며 잔치를 벌였어요.**

조선 시대 나라에 경사가 있을 때 궁궐에서 베푸는 잔치의 모습은 〈진연의궤〉에 기록되어 있어요. 세밀하고 정확하게 당시의 모습이 기록되어 있어 궁중 무용, 음악에 대한 기록은 물론 신분에 따른 복식, 행사장 배치, 쓰인 물건 등 까지 상세히 알 수 있지요.

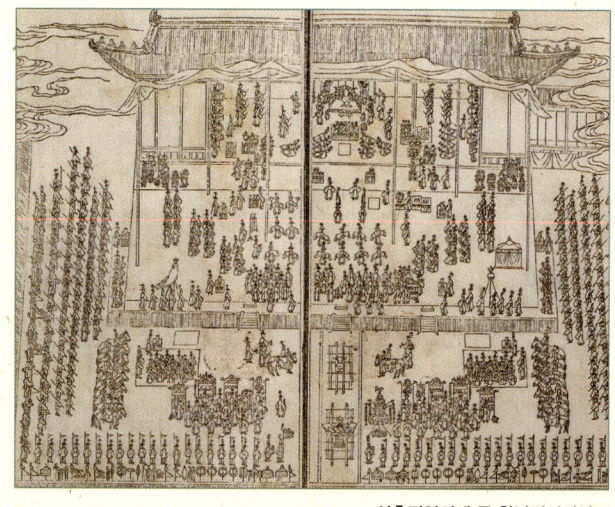

신축진연의궤 중 함녕전외진연도

동궐도 (국보 249호)

■ **궁궐의 화원들이 왕자의 탄생을 기다리며 그림을 그려요.**

화원들이 그린 그림은 왕자가 건강하게 오래 살기를 바라는 마음을 자연물에 의미를 붙인 '십장생도'예요. 오래도록 살고 죽지 않는다는 열 가지 해, 산, 물, 돌, 구름, 소나무, 불로초, 거북, 학, 사슴을 그렸지요. 왕실 어른들을 위한 병풍으로 제작되거나, 궁궐 행사의 장식으로 사용되었어요. 또 궁궐의 담에도 십장생을 새겨 넣어 왕실의 건강을 기원했답니다.

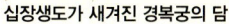

십장생도가 새겨진 경복궁의 담

왕자가 태어나던 날
궁궐 사람들은 무얼 했을까

펴낸날	초판 1쇄 2012년 7월 30일
	초판 5쇄 2017년 11월 21일

지은이	김경화
그린이	구세진
펴낸이	심만수
펴낸곳	(주)살림출판사
출판등록	1989년 11월 1일 제9-210호

주소	경기도 파주시 광인사길 30
전화	031-955-1350　　팩스　031-624-1356
홈페이지	http://www.sallimbooks.com
이메일	book@sallimbooks.com

ISBN　978-89-522-1893-3　77810

살림어린이는 (주)살림출판사의 어린이 브랜드입니다.

※ 값은 뒤표지에 있습니다.
※ 잘못 만들어진 책은 구입하신 서점에서 바꾸어 드립니다.

사용연령	8세 이상	제조국	대한민국
제조년월	2017년 11월 21일	제조자명	(주)살림출판사
연락처	031-955-1350		
주소	경기도 파주시 광인사길 30		
주의사항	책을 던지거나 떨어뜨리면 모서리에 다칠 우려가 있으니 주의하세요.		

KC마크는 이 제품이 공통안전기준에 적합하였음을 의미합니다.